Cascarones de colores

por Sammie Witt
ilustrado por Sue Frankenberry

Scott Foresman
is an imprint of

PEARSON

Glenview, Illinois • Boston, Massachusetts • Mesa, Arizona
Shoreview, Minnesota • Upper Saddle River, New Jersey

Every effort has been made to secure permission and provide appropriate credit for photographic material. The publisher deeply regrets any omission and pledges to correct errors called to its attention in subsequent editions.

Unless otherwise acknowledged, all photographs are the property of Pearson.

Illustrations by Sue Frankenberry

ISBN 13: 978-0-328-40349-3
ISBN 10:   0-328-40349-0

Copyright © Pearson Education, Inc. or its affiliate(s). All Rights Reserved.
Printed in the United States of America. This publication is protected by copyright and permission should be obtained from the publisher prior to any prohibited reproduction, storage in a retrieval system, or transmission in any form or by any means, electronic, mechanical, photocopying, recording, or likewise. For information regarding permission(s), write to: Pearson School Rights and Permissions, One Lake Street, Upper Saddle River, New Jersey 07458.

Pearson and Scott Foresman are trademarks, in the U.S. and/or other countries, of Pearson Education, Inc. or its affiliate(s).

3 4 5 6 7 8 9 10 V0N4 13 12 11 10

¿Qué son los cascarones?

¿Ves estas cáscaras de huevo pintadas de colores? Se llaman *cascarones*.

En este libro leerás qué son los cascarones, de dónde vienen, cómo se hacen y para qué se usan. ¡Es una costumbre que deja **recuerdos** muy lindos!

¿Te parecen bonitos los cascarones? ¿Qué pensarías al saber que se hacen para romperse? No sólo se hacen para romperse, ¡sino que se rompen en la cabeza de otra persona!

Pero no te preocupes. El huevo en sí no cae en la cabeza de la persona. Los cascarones sólo se hacen con las cáscaras del huevo.

Los cascarones se hacen en **México** y algunas partes de los Estados Unidos para **celebrar** ocasiones especiales.

En esas celebraciones, los niños sorprenden a sus amigos y familiares rompiéndoles un cascarón en la cabeza. Nadie se enoja porque los cascarones y lo que tienen dentro significan buena suerte.

¿Cómo se hacen los cascarones?

Esta familia está haciendo cascarones. Primero, abren agujeritos en ambos extremos del huevo. Después, soplan por uno de los agujeros para que el huevo salga por el otro y caiga en un tazón.

Después, lavan las cáscaras con agua y las dejan secar.

Cuando las cáscaras vacías están listas, las pintan y **decoran.**

Cuando se seca la pintura, los cascarones se llenan de **confeti** y juguetitos. El confeti se hace de papelitos de colores. El confeti sale volando al romperse el cascarón.

Los agujeros de cada cascarón se tapan con cinta.

Ya todo está listo. ¡Qué comience la celebración!

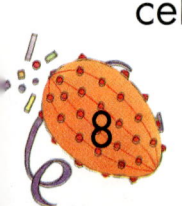

¿De dónde vienen los cascarones?

Hace mucho tiempo, había un famoso explorador llamado Marco Polo. Era de **Italia.**

Marco Polo viajó por todo el mundo y regresó con muchas cosas de sus viajes.

Una de esas cosas fueron unos huevos especiales de **China.** Se parecían a los cascarones. Pero en lugar de confeti, estaban rellenos de **perfume** o talco.

Estos huevos se volvieron muy populares en Italia. Los jóvenes los lanzaban a las jovencitas. Cuando el huevo se rompía, la joven quedaba cubierta por el perfume o talco.

Otros países comenzaron a **apreciar** estos huevos rellenos.

La idea fue llevada a México por la **emperatriz** Carlota. Ella y su esposo gobernaron México hace más de 150 años.

Dicen que la emperatriz Carlota fue la primera persona en rellenar los cascarones con confeti en lugar de perfume o talco.

¿En qué ocasiones se usan ahora?

Los cascarones se siguen usando en México. También se han vuelto populares en algunas partes de los Estados Unidos.

En México se hacen cascarones durante la época de carnaval. El carnaval es un festival que se celebra en la primavera.

Los cascarones también se usan el 16 de septiembre. En ese día se festeja la independencia de México.

Además, los cascarones pueden ser parte de una celebración familiar, como un cumpleaños o una boda.

¿Te gustaría tener cascarones en tu próxima fiesta de cumpleaños? ¡Quién sabe qué tesoros te caerían en la cabeza!

¡Inténtalo!

Los cascarones se hacen sólo con las cáscaras del huevo. Pero la otra parte del huevo no se debe desperdiciar. ¡Es un alimento muy bueno! ¿Sabes algún modo de preparar huevos?

Piensa en platillos o postres con huevo que te gusten. Después, comenta con tus compañeros y familiares distintas recetas que lleven huevo.

Ya puedes hacer un libro de recetas con huevo.

Glosario

apreciar *v.* sentir respeto y gusto por algo.

celebrar *v.* hacer una fiesta por un suceso o día especial.

China *n.* país de Asia.

confeti *n.* pedacitos de papel de muchos colores.

decorar *v.* pintar o arreglar algo para que se vea más bonito.

emperatriz *n.* título de una mujer que es la principal gobernante de un país.

Italia *n.* país de Europa.

México *n.* país que queda al sur de los Estados Unidos.

perfume *n.* líquido, como el agua, de olor dulce.

recuerdos *n.* presencia en la mente de algo ya pasado; saludo afectuoso.